Näin myöhään en välitä

Näin myöhään en välitä

Jukka Aulavuori

Kustantaja: BoD™ – Books on Demand, Helsinki, Suomi
Valmistaja: Books on Demand GmbH, Norderstedt, Saksa
ISBN: 978-952-330-202-0

I.

Viisaista miehistä ja kuolemasta.
Viihteellisistä lehdistä
sekä porsaista.

Muuta arkea unohtamatta.

heitän tämän päivän hukkaan
en mieti, missä minun pitäisi olla
mitä minun pitäisi tehdä

en nouse mieleni sängystä
en tuntikausiin

lähden lehtien päälle kävelemään
kierrän muutaman ylimääräisen korttelin
annan hämärän laskeutua
yhtä rauhassa kuin annan itseni olla

palaan kotiin
mitään tuottamattomana raakileena
täydellisenä
vailla huolen häivää

kuin vahingossa
heitän päivän hukkaan

<u>Vesi, ilma ja maa</u>

kelluvan joutsenen
ja kuun edessä
varpaani syvällä rantahiekassa

en tunne kylmyyttä
en pimeyttä
vain luonnon

edes moottorivene
ei meren tyyneydelle mitään mahda

tähän minä kuulun

    viimein tulee aika
    lukea taskustani
    kolmen lehden samat uutiset

        hukkua

    kun katseen irti näytöstä saan
    on joutsen jo kauas lipunut

ihmiset onnikassa
kasvot kuin perheenjäsenten
tunnistan,
vaikka mieluummin olisin vatsahuuhtelussa

ilo, onni, rakkauskin
kalpenevat hurmaavuudessaan
surulle, kauhulle, epätoivolle
murheelle
miksi?

ei kirjoiteta syntymästä, saavutuksista, täyttymyksestä
niin kauniisti kuin
kuolemasta, päämäärättömyydestä, epäonnistumisesta
murheesta

melankoliako elämän täydentää
niinkö sen kuuluu mennä
puuttuva palanen
vaikka aina läsnä
jotta ilo, onni, rakkauskin
joltakin tuntuisivat

viisas mies sanoi minulle,
että virheitä tekemällä oppii

kertoisiko hän,
mitä tuolla kaikella suunnattomalla opilla
sitten keinutuolissa teen, jos seuranani on
neljä karille kulkeutunutta avioliittoa
kolme päälleperuutettua frettiä
velkavankeus
satoja väärin puristettuja hammastahnatuubeja

olisinko täysinoppinut?

entä se viisas mies, joka varoitellen totesi tiedon
lisäävän tuskaa
ei lausuman kuultuaan elämänhaluaan voine kasvattaa

vai onko heitäkin viisaampi se,
joka on liian kiireinen viipaloidessaan
maustekurkkua sämpylänsä väliin,
joka ei ehdi hokea muiden kirjoittamia sanoja
alkaahan muutaman minuutin päästä Emmerdale

syysillassa niin pimeässä
muille masentavassa
lehtikasojen vierellä kaksi ihmistä
päivämäärän unohtumattomaksi itselleen tekee

kansalliskirjailijamme sivusilmällään
saattaa siluetit nähdä
kiireettömiä vain nuo kolme

joillakuilla olisi sanoja
toisinaan myös ajatuksia niiden takana
mutta eivät he saa niitä suustaan
kangertelevat itsensä unohduksiin

korkeammalle kapuavat he
jotka osaavat pursottaa
onton mietteen täyteen kermavaahtoa

valmiin pöydän tarjoavat
kukapa voisi sanoa ei

itsekin jo ruokalappuani puen
maiskutellen mietin
mitä on olla korkealla

entä jos olisinkin ollut kyydissä
tai jos tuo hetki olisikin nyt, ei viikon päästä
näkikö hän minut
entä jos lähteeni ehtyy
ja minut kartonkijäteastian lämpöön passitetaan

ajatukset aina muualla kuin todellisuudessa
tämä hetki on yliarvostettu
kannattaako varautua varautumisen takia
roska-astiatkin painepesurilla välillä puhdistetaan

ylväs kansa
oli se mikä tahansa

perimäni
se minusta paremman tekee

uskoni
siihen olen kasvanut
siihen kasvakoon muutkin

ei minun annettu valita mitään
kansaani tai ihoani
esi-isiäni tai parafilioitani

vihdoin joku minulle kysymyksen esittää
keihäs vai kivääri

me tapamme juurtemme vuoksi

ei ole unohdusta ilman aikaa
muurin laastareilla paikkaaminen hetken vie

jokainen aamu kauemmas kurjuuden kuljettaa

lopulta auringonnousu viaton
kuulaammalta kuin koskaan näyttää

murhia, itsekkyyttä, sekasortoa
järjellä käsittämätöntä pahuutta kaikissa papereissa
ympärilläni vaikka kaukana

totuus masentaa niin
enkä ymmärrä
kuinka voisin nauttia mistään

murhia, itsekkyyttä, sekasortoa
tarvitsen lohtua
pekonin ja jäätelön jälkeen kaikki on paremmin
vaikka en saatakaan mennä tyytyväisenä nukkumaan
sillä reisissäni on suonikohjuja ja selluliittia

se ei ole reilua
mutta unohdan asian ja nukahdan

pitäisikö riemuita vai surkutella
valmis on suuri työ
sellainen se on
sitä ilolla ja ylpeydellä katselen

mutta sellainen se on
virheille voimaton
polut lukemattomat umpeen ovat kasvaneet

jumalhahmo, joka osaa rakentaa harhan
ettei ymmärtäisi kaiken olevan
millimetreistä kiinni
ympärillään palvottu aura tietämättömyyden

itsevarmuutta ei ole olemassa
on vain piittaamattomuutta sekä unohdusta
ja lähes Jeremy Brettin veroisia näyttelijöitä

Valta

toisessa laidassa
realisteiksi itseään kutsutaan
mukava kaiku
ehkei niin kuvaava kuitenkaan

näkyy okulaarin kautta saareke kaukainen
nuo idealisteiksi haukutut
aate on tärkein
välillä se saattaa tosiasiatkin hämärtää

mitä on välissä
lautta täynnä nukkuvia ihmisiä
ainakin jos reunoille puheenvuoro suodaan

puolelleen heitä maanittelevat
herätkää
vain me tiedämme totuuden

pönöttäviä asiamiehiä
kalliisiin kuoriin sulloutuneina

hyvää huomenta aamu-tv:stä
ensin puhuu vasemmanpuoleinen
vierustoveri katselee kohteliaasti
yrittää viisaammalta näyttää

oikeanpuoleisen vuoro koittaa
vierustoveri katselee kohteliaasti
yrittää viisaammalta näyttää

valitettavasti aikamme on lopussa
jompikumpi vielä ehtii jotakin päälle huutaa
viimeisen sanan varastaa
ihmiskunnan muistia aliarvioida

hyvää huomenta uutisista
ei mitään uutta tänään
seuraavaksi Kerttu kertoo meille taas tulevaisuuden

mieleeni on takertunut yksi sana
karmiininpunainen
ei se minulle mitään taida merkitä
mutta niin hyvältä se kuulostaa
karmiininpunainen
ah, kuinka mukava se on ääneen lausua
vaikka yksin
tai linja-autossa ruuhka-aikaan huutaa
suussa makustella

karmiininpunainen

jos on kokenut hylkäyksen
jos näkkileipä pudonnut on voipuoli alaspäin
jos ei missään ole onnistunut
jos kivenheiton päähän on laskeutunut varis musta
jos kotiin tultuaan räkää ohimoltaan
työhaastattelun jälkeen löytää

auttaa vastaanottimen virittäminen
taajuudelle turhan kiinnostavuuden

mitä väliä voisi olla sillä, kumpi kaatuu ensimmäisenä
silmäparien lukumäärällä
norjalaistuomarin mielipiteellä
mitä väliä voisi olla sillä, onko tuo iloinen Zagrebissa
vai Kuusamossa syntynyt
miksi siis hikoilen

onneksi mainoskatkolla mahdollista on vilkaista
ehtiikö Harrison Ford alta vierivän kiven
silti ehtiä saattaa viimeiset kierrokset jännätä
paeta
ja elämän stand by-tilaan napsauttaa
johan nyt
moottoririkko

täydellisyyttä tavoittelemme
viat sormenpäissämme suurenevat
eihän ihan kiva riitä

onko kukaan yrittänyt itselleen kivaa määritellä
onneksi ei tarvitse
City-lehti sen meille sanelee

hyviä puolia ei taida tarpeeksi olla koskaan
nekin itsestään selviä
minulla on sinulle vain yksi vaatimus
riittää että olet jumalan tytär
                    ja pukeuduthan naisellisesti

tämä on hyvä päivä muistella arpiemme taustoja

kädessäni virsikirja
toisessa valaistuneen teos
kaikkihan tietävät
kuinka pitäisi elää

tämä on jokainen päivä vuodessa
jokainen minuutti tunnissa
jokainen hetki,
jolloin haluamme muistella arpiemme taustoja

jotta muistaisimme kaatuneemme
puron hiljaisessa solinassa miettineemme
mitä teimme väärin

hiljainen askellus
kukaan ei kuule

en mahdu ohi

nyökkäilen hymyillen
minua ei kiinnosta laisinkaan mitä sanot
en edes kuule sinua
puhut vain itsestäsi

silti katson syvälle silmiisi, kun puhut
haluanhan vain kaikkea parasta sinulle

tavallisesti ei minulle kiire ole kotiin
tyhjään asuntooni

koomapotilaaksi
pysähtyneiden kellojen pariin

tänään on
paskahätä on niin julmettu

aina on jokin syy elää

yllätymme aina
ei tuollaista pitäisi olla kuin psykologisissa trillereissä

pimeitä puolia tutun naamion takana
oikeassa elämässä
minun elämässäni

etkö itse tee mitään ilman järkeä
mitään mistä et ole ylpeä
koskaan arvojesi rajoja sotke

ylpeyttä on koettava
tai ei suojelukohteita kauaa ole

ei periaate ole keskiössä
kiertotie löytyy aina

etsi perustelu listasta
pöytäkirjat eivät lopu
vaikkakin mitä vähemmän niitä painettu
lienee se parempi sinulle

Lajien kehitys

intiaanit, nuo villi-ihmiset
skalpeerauksen taidon heille
kai eurooppalaiset opettivat
kumpien jälkeläiset siis ovat saastuneita?

minä rakastan pinaattikeittoa
sinä pidät enemmän näkkileivästä
oletko siis tarpeeksi erilainen,
jotta voisin vihata sinua?

perinnönjaon aikaan
kuolleesta mulkustakin tulee
armas sukulaiskulta

aistimme kuin teurasmyllyn terät
ei tarvitse kuin hetken mielijohteesta nappia painaa
ja olemme kuninkaita eläinten

lehtiä kaikkialla
maalla, merellä ja ilmassa
epätodellinen sää
epätodellinen maailma
tässä lämpötilassa sisäisessä
tuntuu kuin aurinko minua kiertäisi

Häviävä hetki suojatiellä

kaksi tietä kerralla ylittyy
kuinka pienestä se on kiinni
kaksikymmentä sekuntia sitten oli linja-auto
nyt minä
tässä samassa paikassa

ei matkustajien tarvinnut odotella
mutta olisi kiireensä turha unohtunut
jos kaksikymmentä sekuntia kello jätättäisi

miettisivät he rajallisuutta
onnea ja epäonnea
mennyttä ja tulevaa
ehkä toivoa
sitä mitä he voisivat vielä tehdä

kunnes kaksikymmentä sekuntia kuluisi
ja he arkeensa katoaisivat

tämä on minun juttuni
minun omani
tämän minä osaan
tätä minä haluan tehdä
vain minä
vain minulla on väliä

sitten taas teen virheen ja katselen ympärilleni
miksi vaivaudun
ehkä sittenkin tulisi lopettaa
en sille mitään mahda
joku minun juttuni kuitenkin paremmin tekee

sitten taas ymmärrän omaan napaani palata
kellä on valta määritellä
kuka paremmuuden järjestää
tai järjestämättä jättää
vain minä
vain minulla on väliä

järkytykset
painajaiset
se suurin menetys

eivät kokemuksemme unohdu
hyvä ja paha
edes dementia tuskin armahtaa
kuka tietää vapauttaako kuolokaan meitä
siis teen teon ainoan järkevän

keskityn tästä kuplamuovista nauttimaan

saatoit humaltuneena töihin astella
ei se mitään
saatoit vahingossa kirkosta hopeat pihistää
sattuuhan sitä
saatoit verorahoja taksimatkoihisi
kohtuuttomasti tärvätä
ei haittaa
saatoit osan tuloistasi kirjaamatta jättää
kaikkihan sitä tekevät
saatoit salarakkaan käsitteen maahamme juurruttaa
otapa lohduksi salkku ministerin

painetaan asia villaisella
kunhan et ole niitä lusmuja
kansalaisvelvollisuuksiaan paenneita
kunhan et veteraaneja pettänyt ole

silloinhan olisit edustajana Suomenmaan
vitsi varsinainen

kuolema rasittaa
kun saa lipun käteensä
kun näkee jonkun valmistautuvan
kun sitä ennakoi

se kuluttaa
silloinkin kun pilvet ovat loitonneet
ja taivas on kirkas
kun tuhka on lattialta pyyhitty
hopeat jaettu
yritetty unohtaa
kun arki on vastakohtansa kanssa risteytynyt

puhdistavaa vaan haikeaa
vapauttavaa on katsella
kahden terän puristuksissa
jännittyy kunnes katkeaa
on teillä lannistumaton yritys tukkia lavuaari
kostaa yritätte, mutta muistakaa
on tämä minullekin vaikeaa
teille lohduksi vielä joskus kamman ostan

katson sinua yläviistoon
korkealla kansakunnan sankari
henkilöpalvonnan kivettymä

siinä otat vastaan tuiskun ja salamoinnin
ilmeesi värähtämättä

mutta me emme ole kiveä
jos joku suuntautumistasi epäilee
tai sinuksi joku liian erilainen tekeytyy
me murrumme
pienen pieniksi hipuiksi maanrakoon

tämä hetki on unohtumaton
täynnä taianomaisia tunteita
tätä varten taidan elää

on hiiltä kiireesti löydettävä
hetki ikuistettava
kunnes kuulen äänen möreän
järkikö se siellä, ilonpilaaja
minulle väittää, ettei pölypussin vaihtaminen
sonaattia ansaitse

olet oikeassa
myönnän
mutten enempää kuuntele

niin moni poikkeavaksi tuomittu
eniten tahtoo tulla
tavallisena nähdyksi

jotkut pudistelevat päätään

miksi sitten
niistä muista niin moni kaikkensa tekee
tavallisuuden ruman leiman otsastaan karistaakseen

ja päätään jotkut taas pudistelevat

älä tule luokseni
älä puhu minulle tästä päivästä
älä eilisestä tai huomisestakaan
haluan tämän karjalanpiirakan rauhassa syödä
ei siihen sanoja tarvita
kurkkua ja tomaattia
juustoa ja kinkkua
kuollut porsas ei röhki

kuin olisi merkitystä selittämätöntä
vaikkei kukaan toinen valmista edes näkisi
ehkei ole
muille kuin isälle tai äidille

tämä on puhdasta nautintoa
ei se mitään ota
ei se mitään kuluta

mistä aina tämä tunne
vakava tuntu tärkeydestä

II.

Helsingin kaduilla.

Pakollinen paha

vieressäni ei ketään
tuijotan mihinkään keskittymättä ulos
mieli onttona
enkä usko, että matka voisi minulle mitään antaa
kunnes huomaan,
että kulkuneuvomme heijastuu liiketalon ikkunasta
ja eteeni istahtaa nainen,
jonka hajuste muistuttaa minua jostakin
en tiedä mistä
jostakin hyvästä

nuorella naisella piinaavan korkea hiuspehko
pieni tyttö juoksee lujaa
pysyäkseen isompansa rinnalla
takapenkillä teinitytöt keskustelevat varpaiden
tarkoituksesta
keskustelunaiheena pelottavan yleinen

jään tuijottamaan parvekkeen koristetta,
jota en ymmärrä
kuinka se voi ensin alas valua
ja heti takaisin kavuta

kävelen Runeberginkadulla
kuuntelen kun kaksi miestä tohkeissaan
Pokemoneista keskustelee
otan hissin
olihan matka raskas

<u>Vastaantulija</u>

Punavuori niin kaunis
Fredrikinkadun kivijalkamyymälöineen
hienoine kahviloineen
sääli, että sillä askeltava ihminen on ruma
juhliva ihminen, tuo kauhistus
vailla syytä riemuitsee

ravintolan ikkunassa hymyileviä ihmisiä
mies takanani syljeskelee
rinnalleni kirii
pyytää minulta rahaa pitsaan
valehtelen
hän antaa minulle anteeksi
ja ymmärtäväisenä olkaani taputtaa

kaikki minua nopeammin kävelevät
olen matkalla nukkumaan

<u>Kahden päivän armo</u>

vastaantulijat kaikki mielensä turruttaneet
hätäpoistumistien löytäneet

en minä
en yhtä liioitellen
en ainakaan tänään
ehkä huomenna

ei suoria askelluksia näy
luulemmeko olevamme kuorestamme vapaat
olevamme nyt niitä, joita oikeasti olemme
tai vapaita itsestämme

sänkymme viereen seinälle pultattu kädensija
kaikessa loistossaan
joka-aamuista nousuamme helpottaa

<u>Punainen valo Mannerheimintiellä</u>

sataa tai ei sada
on surumarssi käynnistynyt vaikkakin keskeytyksissä
päät painuksissa seisomme
kunnes jatkamme kävelyämme kohti hautaa
kumpuun päädymme kuitenkin
voisiko edes yksi teistä hymyillä?

elämä hallussa tai ei hallussa
arjen solmut mitättömiä
lopputulos on kuitenkin sama
lakaisukone meidät pölyn keskellä ohittaa
siis valitsen mieluummin ilon kuin surun
voisiko edes yksi teistä olla ajattelematta kuolemaa?

III.

Kivuliain,
innoittavin,
lattein
ja
antoisin.

Kunik

halusin tuntea sinut
halusin olla niin lähellä sinua kuin voi olla

ensimmäinen yö
tunsin hengityksesi niin hyvin
inuitien tapaan

jännitys ja levollisuus sovussa
jaettuna
olin niin lähellä sinua kuin voi olla

lumo sai minut lamautumaan
etten itseäni voinut ilmaista
vaikka olisin niin tahtonut selväksi tehdä
kuinka mielelläni ääntäsi kuuntelin
kuinka halusin sitä alati lisää kuulla
kuinka otettu olin
mutta ei ollut minulla kieltä,
ei tapaa kertoa sitä sinulle

outoa
ennenkuulumatonta
häpeällistä
miten vahva tunnekuohu
päälleni sementtiä valoi

kätesi epävarmasti edessä
vasemman etusormen ja oikean peukalon kynnet
toisiaan hyväilivät

ele joka kertoi
useimpia sanojasi enemmän
hetki ei ollut sinulle yhdentekevä

olet kaunein mitä olen nähnyt
viisain ketä tunnen
muita kohtelet paremmin kuin itseäsi

on se sääli, ettei sitruunapippuri sinulle maita
on se sääli, ettet tummaa paahtoa arvosta

vika ei ole sinussa vaan minussa
soitellaan

minusta tuntuu
kuin olisin koko elämäni hengittänyt
tuota hetkeä varten
hetkeä, jota en taida saada takaisin
ansaitsenko edes?

minusta tuntuu
että tämä tunne on pysyvä
vaikka ennenkin se on siltä tuntunut
vaan lopulta madellut ohitseni hitaammin
kuin puoli kahdentoista turistilauma
ansaitsenko edes?

minusta tuntuu
että koimme lyhyessä ajassa enemmän
kuin niin monet kokevat venytetyllä välillä
minusta tuntuu, ettei ajalla ole merkitystä
tahdonko edes?

sinäkö se olet
joka takanani myrkyllisen roihun sytytit

uskomattoman julkeuden hallitset sinä,
joka muita kaltoin kohtelet
ja heille syanidia tarjoilet

etkö ymmärrä, ei minulla ole aikomusta
olla passiivinen
muualla kuin suuhygienistin vastaanotolla
silläkin lopulta huuleni yleensä raotan

sinä saastutat koko maailman, mutta neljännen
lapsemme jälkeen voin sanoa antaneeni anteeksi,
olenhan onnellinen

tiesinhän näin käyvän jo savukettasi sammuttaessani
niin vihoissani

piinallista on hyväksyä, että onnen meille antoi
mies valkoisessa lierihatussaan

niitä miljoonia keuhkoahtaumataudista kärsiviä
raukkoja paimentaessaan
hän meille iloisesti vilkuttelee

rakkaus ääneen
yksin olemisen riemu
haaveilun mahdollistava hetki täydellinen
kun kaiuttimista tulkintasi kuulen
olet juuri sitä mitä mieleni sanelee
juuri sitä mitä haluan
vaikket sellaisena olemassa kuitenkaan
on vain hajanaisten kuvitelmieni ehyt kokonaisuus
eikä se haittaa

nuo kyyneleet
eihän lopulta mitään pysyvää jäänyt
ei sillä ole väliä
itkit ilosta kuitenkin
vaikka sen peittää yritit

harvoin on mikään niin tärkeältä tuntunut
kuin kyyneleesi pimeässä kesäyössä

vihaahan minun täytyy tuntea, sanoivat
ainoa oikea ratkaisu
välillä uskoinkin
kun en itseeni kosketusta saanut
mutta kaukana vihasta se oli
kaukana yksioikoisuudesta

ymmärrän mitä minun tulee tehdä, sanoivat
ainoa oikea ratkaisu
eikä se ollut helppoa tai vaikeaa
vaan luonnollista
rakkaus elävältä haudattu oli
välittää kai sai silti

ei,
en ole vihainen
mitä se hyödyttäisi
mennyt on aikamme kuitenkin

kohdistat minuun katseen niin viettelevän
soidin on käynnissä
kuitenkaan en voi olla haukotustasi huomaamatta
hienoa, että saan sinut rentoutuneeksi niin

tulkinnalle sijaa avaat
ei tarvitsisi kysyä
nielurisoista mahdollisista
hampaidenhoitotottumuksista

nyt voin vain ohi kävellä

muistan sen sateisen päivän
kohdan missä hän seisoi
muistan sen täyden pellillisen ristikkoperunoita
paikan, mihin se kahdeksi viikoksi
seisomaan jäi

muistan, kuinka istuin lattialla
yrittäen uskoa tapahtuneeseen
itseeni
enkä ollut nälkäinen viikkoon

muistan, kuinka en koko kesänä
tuntenut mitään

puolisen tuntia elämästämme

kynttilöiden molemmin puolin
me

ja vain tuon ajan
näen silmäsi
hymysi ja kaiken minkä minulle näytät

ja vain tuon ajan
näet sen
minkä minä sinulle näytän

me
emme koskaan tuon enempää

hyväntahtoisuutta niin puhdasta
ei tarvetta heikkouksia listata
niin kauas se hohkaa
mikä voisi olla yhdelle ihmiselle ansio suurempi

uusi rannekoru
pidän siitä
kunnes tajuan
ja vihaan sitä

tuoksut hyvältä
esittelet uutta hajuvettäsi
silmiäsi räpäyttämättä
olet niin taitava käyttämään maalarinteippiä

sitten halaat minua
niin kuin me olisimme totta
kuin silloin ennen

olemme erilaisia niin
kumpikin sen aistimme varmaankin
vaikka tässä hetkessä tuntuu
että toisiamme täydennämmekin

nuku vielä tämä yö vieressäni
ehdit aamuun kadota
lupaan sinuun kaiholla
ajatuksissani palata

sinun kanssasi hiekka on liian hienoa
ja lähelläsi juuri sopivan helppoa olla
sinun kanssasi olen minä
mutta en halua ajatella itseäni

sinä olet aito
niin huomioonottavainen
        harvinainen

sinä saat ajattelemaan meitä

me heittäydyimme yllättäen

me pidämme toisiamme kädestä

IV.

Yöstä.

miksi taas juuri nyt
sanoja asettelen
mennyttä läpikäyn
häpeää tai euforiaa

suuria tekoja, kuten banaanin kuoriminen päivällä
sitähän minä todella vatvon

kellonlyömän syytämä stressi
kaiken tämän hien keskellä
mieltäni en väkisin tyhjäksi saa

samba veressäni kuohuu
lyön käsiäni turhautuneena ilmaan
ääntelen lailla hevosen
täynnä virtaa
täynnä ajatuksia
ylikierroksilla niin turhauttavasti
missä tämä päivisin on

olen haltioissani
innoissani kuin televisiokokki
tuuri kävi ja tunnustelen
ei heikkoja saumoja käteni hankaa
parsan latvapalat päälle lasagnen
kaunista, mahtavaa ja etenkin ihanaa

olenko huumattu
enhän mitään tee
makaan vain ja silmäluomiani katselen
olen kuin puutarhatonttu lattialle liimattu
pian se tulee, sen tiedän

paikassa olen kovin väärässä, tietysti
saa kai täälläkin iloinen olla
ehkä vapautusrintama minut takaisin metsään
vielä vie

pimeys valtaa asunnon
nyt on se hetki
aika laskea pää tyynylle
aika tehdä mielikuvaharjoituksia
menneestä ja tulevasta
antaa sykkeen nousta
antaa ajan valua

on niin pimeää

en tiedä
katsonko ikkunasta
vai onko päässäni Alkon muovikassi

yht'äkkiä kovin paljon on sisäisiä aivoriihiä
ei auta, vaikka nuo aatokset tahi murheet
miettimällä seinään sulautuvat
eivät ne ratkaisua vaadi
vaan sieltä ne tuijottelevat
silmiään räpäyttämättä
kasvonsa vääristyneinä
etsin taas sitä tunnetta,
jossa en tiedä missä olen

V.

Peili, ikkuna tai otsa.

poikkeukset
odottamattomuudet
kun pyrkii avoimuuteen ja avaruuteen
niitä päivittäin syliin kaatuu
niin paljon että järkikin saattaa sumentua
ehkä aamukaste taas
mielen raikastaa

odotan asioita outoja
se saattaa jollekulle elämän tarkoituskin olla

yritän,
mutta aivan kuin olisin antanut kaikkeni
tahtoisin painautua maahan
vaikken ole tehnyt mitään

oloni on raukea ja huoleton
ymmärtämätön

en millään käsitä mitä sinäkin siinä selität
vaikka puhutkin vain
kananmunaleikkurin toimintaperiaatteesta

kun yritän muodostaa mielessäni kuvan,
lienee aivokuoreni suojassa hunajaisen tahmeaa,
sulaa ainetta
täynnä pyristeleviä hyönteisiä
nukahtamassa sokeriseen kuolemaansa

en tarvitse leikkuria
en niin kauan,
kun joku pureskelee kananmunani minulle valmiiksi

toisena päivänä olen niin kuin minun pitäisi
niin kuin minun odotetaan olevan
niin kuin haluan olla
jalat tukevasti maan pinnalla
en rannalle lähde, en edes Yyteriin

toisena päivänä luovin epätoivoisesti
vailla tietoa suunnasta
hetkellisesti saatan maata löytää
sinnittelen ja sätkin rantahiekalla
kunnes taas merelle hallitsemattomasti lipeän

en oikeastaan tiedä mihin kuulun
minne sijoitun

mikä on paikkani
aamuun uuteen herätessä

on sinulla minuun ote
niin tein kuin eilen sanoit
euron ajatus

hallitset minua täysin
jos niin uskot
miksi sen sinulta pois veisin

niin tein kuin eilen sanoit
idean sain viime kuussa
saniteettitiloissa rautatieaseman

me olemme yksi niistä
    keskustelukumppaneina tuhoon tuomituista
  ei meidän toistemme seurassa pitäisi suutamme
avata

turha edes miettiä, mitä sanon
    älykäs olet
vaan et kuitenkaan ymmärrä, mitä tarkoitan

        en saa ilmaistua asiaa yksinkertaisinta
    lopulta aina toisiamme kiusaantuneina
tuijottamaan jäämme

            syytä en tiedä mutta sen niin monasti
todistanut olen

    saatat loukkaantua
                vaikka kehuvani luulen

nenäliinan minulle ojennat
                        kun suonenvetoa
pohkeessani valitan

ei tämä vain onnistu
puhut liian hiljaa
suoraan heikompaan korvaani
sanon pois lähteväni
sinä jo kadulla astelet

itse itseni seurantakamera olen
mikään liikkeeni ei siltä näkemättä jää
se analysoi ja moittii
yrittää minut nähdä kuin istuja vieruspenkillä

niitä on joka kulmassa
silmieni edessä sumuverho
on tämä huomio liikaa

itse asettamani kamerat minua vahtaavat
niitä täytyy olla satoja

ikkunasta töölöläisen asuintalon
putoaa paperilehtiö täynnä muistiinpanoja
maassa uteliaat muurahaiset sen löytävät
siinä kiipeilevät

lehtiön omistaja rappukäytävässä juoksee
paperit nappaa
muurahaiset siitä pudistelee

niin putoamme maailmasta
vailla omaa syytämme

metrossa katselen itseäni
näen ihmisen,
kasvoilleen murheellinen ilme piirtyneenä
kavahdan ja etsin syytä murheelle
sitä ei ole
ei ole murhettakaan
on vain pinta
tuimasti tuijotan, kun en muuhun pysty

hopeahäät
ehkä alamme hiljalleen jo toisiamme ymmärtää
juhlapäivän jälkeen hyväksyä jotakin,
mitä emme ennen

ei se sinua haittaa
jos välillä hieman vapisen

tiedän sen
saatat vain hieman vavista

yhdessä olemme eliniän
sitä emme voi estää

yhdessä vapisemme

ei noin kuuluisi sanoa
ehkei edes saisi
et pahaa tarkoittanut
vaan myötätuntosi karvaalla tavalla osoitit

ei noin kuuluisi sanoa
totuuden kerroit
ainakin omasi
enkä sinulle suuttua saatakaan

ei noin kuuluisi sanoa
vaan "kyllä sinä unohdat"
kaunisteltuja sisällöttömiä kaavoja toistella
niiden avulla myötätunnon vaikkei' niin vilpittömän
helpommin välittää

jälleen on ratkaistava
sekoanko
vai onko tämäkin vain uusi, mahtava kokemus
onko pakko kasvaa

nuo tarkkaan muotoillut sanat
vaan eivät sinua varten

vastaamatta jättäminen
ei edes kulissia luoda

kaikki,
mitä olet
mihin uskot
mitä tahdot olla

se saappaan alle jää väistämättä
mutaan uppoaa
kannusten revittäväksi
talvea odottamaan

vaan pakkanen palaset yhteen kokoaa
kiinteäksi takaisin korjaa

puhun, ei väliä mistä
täysin vakavissani

sitten kuulen sen,
äänen pysäyttävän
hymähdyksen
aina yhtä halventavan

miksi tuolle suon arvon niin suuren,
miksi kunnioitan
helppoa puuskahdusta
yli kaiken
ja itseni olen alati
valmis teilaamaan

eräät kehuessaankin
saavat tuntemaan,

että he tekisivät
itse paremmin
sen mitä ylistävät

pitäisi kai edes yrittää
hetkessä elää

eikä miettiä,
saavathan kaikki varmasti
kylliksi leivoksia
hautajaisissani

kun seuraavan kerran taas
alemmuutta koen
koetan muistaa,
muutkin ovat huutavan verisinä
tähän maailmaan tulleet

saatan herätä tuijottelemasta rintakarvojani
keskellä kokousta
ollen valveilla
kuin tehottomassa nukutuksessa

viereisen juodessa kahvia
vatsaansa leppoisasti taputtaen
ei ole tavatonta, että kompastun
ja pääni silmukkaan vahingossa pujotan

osaan olla sumussa
päivänä kirkkaimpana

kuvotat minua

jos olisi minulla perimäsi
kokemuksesi
niin en kai missään parempi tai
huonompi olisi
minkä sille mahtaisin

kuvotan itseäni

peilaavien pallojen välkkeessä en näe eteeni
dj patistaa ja kädet sinkoilevat ilmaan

rytmiikat kyllin yksinkertaisia
aivokuolleetkin voivat tahdissa hytkyä

jonotanko ihmismeressä turruttaakseni itseni
haluanko puuduttaa aistini,
jotten enää näkisi tai kuulisi

vinoutuneiden askelten kehdossa
olkatopattujen hittien kertosäe kajahtaa

kas,
humaltuneet ilmeet muuttuvat
humaltuneen vakaviksi ilmeiksi
antaumukseksi,
jota monet eivät itsestään selvin päin löydä
tai etsi

jurotan nurkkapöydässä ja kiroilen
ehkä vielä koittaa päivä, jolloin ymmärrän
että elämästä on lupa nauttia
myös tavalla,
joka tuottaa itselleni yhtä paljon nautintoa
kuin isovarpaan naulaaminen
naapurin marsun juoksupyörän jalustaan

otan vielä yhden
sitten lähden

se etten ymmärrä
ei ole heidän vikansa

miksikö halusin tuon pitää
esineen vähäpätöisen

on se muisto
vaikka osan totuudesta haluaisinkin unohtaa
olen silti tuon hetken elänyt
on se silti osa minua

jos en osaisi nauraa itselleni
ei poskiluuni päällä olisi suinkaan iho
niin kuin nyt
täynnä räkää

vaan olisi nahka litsareista
aikaa sitten irti kulunut

ei siitä mitään tule
mistä tuo lannistava ajatus
en ole koskaan ennen tuossa tilanteessa ollut
niin kuin en tässäkään

miten voisin tietää
ehkei se onnistu
ehkä postinjakaja minut alas rappusia torppaa

kerran putosin keinusta
ei sekään ole sama asia kuin jäynä posteljoonin

portaiden edessä maatessa hymyillen tuumin
tämäkin on tilanne uusi
hetki joka ei sellaisenaan koskaan toistu
täysin ainutlaatuinen

aplodien arvoisia sanoja
Nobelin arvoisia tekoja
oletko vaillinainen niin kuin muutkin
muilta kunnioitusta niin kiivaasti anelet

näkyykö otsassani peiliä
ei se palvontaa nyt takaisin heijasta
et siitä taida edes itseäsi nähdä

mutta jos otsani kiiltää sittenkin
joudunhan taas kuuntelemaan esilletuontiasi
niin katso tarkkaan,
näet ihmisen